FACULTÉ DE DROIT DE PARIS.

THÈSE
POUR LA LICENCE.

L'ACTE PUBLIC SUR LES MATIÈRES CI-APRÈS SERA SOUTENU

Le Jeudi 25 Juillet 1850, à 10 heures,

Par Joseph-Emile **CHATEAU**,

Né à Paris (Seine), le 12 Juillet 1826.

Président, M. ROYER-COLLARD.

Suffragants :
- MM. OUDOL,
- BONNIER,   } Professeurs.
- VUATRIN,
- COLMET de SANTERRE } Suppléant.

Le candidat répondra en outre aux questions qui lui seront faites sur les autres matières de l'enseignement.

Paris.

IMPRIMERIE ET LITHOGRAPHIE DE MAULDE ET RENOU,

Rue Bailleul, n. 9-11, près le Louvre.

1850.

A mon Père ! A ma Mère !

JUS ROMANUM.

SECTIO PRIMA.
MANDATI VEL CONTRA.

Mandatum solo consensu consistit, et potest suscipi per nuntium aut epistolam. Tria ad substantiam mandati requiruntur : 1° ut suscipiatur negotium gerendum; 2° ut gratis suscipiatur; 3° ut committatur et suscipiatur animo contrahendæ invicem obligationis. Nam mandatum nisi gratuitum nullum est, interveniente enim pecunia res potius ad locationem et conductionem respicit.

At si remunerandi gratia honor intervenerit mandati erit actio.

Videamus negotium quod ad substantiam mandati requiratur.

Hæc desiderantur : 1° « Ut sit gerendum non jam gestum, ita si post « ereditam pecuniam; mandatore creditori credendam nullum esse « mandatum ait, Papinianus. »

2° Negotium quod mandatur debet esse honestum et rei licitæ : « Rei turpis nullum mandatum est et idea hac actione non agitur. » Negotium inhonestum non solum in se sed ex causâ propter quam mandatur. Attamen si mandatarius justè ignoraverit hæc ex inhonestâ causâ mandati aut illicitum esse quid mandatur actionem mandati habebit.

3° Negotium tale esse debet ut mandator ipse potuerit agere. Quia scilicet repugnaret ut ex mandato meo quis facere aliquid intelligeretur quod à me fieri repugnet.

4° Negotium quod mandatur tale esse debet ut in personam mandatarii cadere possit. Sequitur non posse consistere mandatum emendæ rei quæ esset mandatarii propria.

Negotium non solam mandatarii utilitatem spectare debet : « Nam si tua « tantum gratia tibi mandavero, ait Gaius, supervacuum est mandatum. »

Intervenire mandatum potest mea tantum gratia, vel aliena, vel mea et aliena, vel mea et tua sive tua et aliena.

Videmus ad substantiam mandati requiri ut animo obligationis invicem contrahendæ negotium suscipiatur et committatur, hinc mandatum differt à commendatione, hinc ab admonitione aut consilio.

E mandato duæ nascuntur actiones, directa quæ mandatori, et contraria quæ mandatario datur. Tamen potest ab una parte mandati judicium dari. Si quis mandatarius egressus fuerit terminos mandati, ipsi quidem mandati judicium non competit, sed mandatori competit.

Actiones mandati possunt cum aliis actionibus concurrere ut in illa specie : « Si tutores mandaverint co-tutori suo mancipium emendum pu- « pillo et ille non emerit, Julianus ait, si servus necessarius emundus esset « mandati actione et tutela eum teneri.

Actio mandati directa competit mandatori quamvis negotia dominus non sit ; hinc si quis mandaverit alicui negotium gerendum ejus qui ipse sibi mandaverat habebit mandati actionem, quia et ipse debitur et actio adversus mandatarium datur. Et si plures fuerint adversus singulos in solidum.

Actio mandati agitur in id quod interest mandatoris negotium non esse gestum ; sicut liberum est mandatoris suscipere, ita susceptum consummari oportet, nisi renuntiatum sit, et si susceptum non impleverit, tenetur. Sed et si mandatarius gerere justè impeditus fuerit quod gerendum susceperat nihilominùs tenetur ; si non nuntiavit se nòn posse gerere quùm haberit copiam nuntiandi ; sed mandati actio tùnc competit quum cœpit interesse ejus qui mandavit ; cœterum si nihil interest cessat mandati actio. Et eatenus competit quatenus interest.

Ex hac causa etiam quod mandatarius male gesserit in id quod mandatoris interest agetur, et imò si per collusionem procuratoris absolutus si adversarius mandati eum tenetur ; sed si solvendo non sit de dolo actio adversus eum qui per collusionem absolutus sit datur. Causa potissimum agitur mandati ut mandatarius quidquid ex negotio gesto retinet, restituat ; enim vero ex mandato apud eum qui mandatum suscepit nihil remanere oportet, sicuta nec damnum pati debet, si exigere fœneratam pecuniam non potuit.

Actio mandati contraria est ea quæ procuratori datur ut mandator eum indemnem præstet, ab his quæ in negotium implendum impendit aut se obligavit.

Hanc actionem habet si non egressus sit terminos mandati. Si mandavi tibi ut aliquam rem mihi emeres, nec de pretio quidquam statui tu que emisti, utrinque actio nascitur.

Contrario judicio experiuntur qui mandatum susceperant ut puta qui rerum vel unius rei procurationem susceperunt.

Adversus mandatorem actio mandati contraria competit.

Potissimæ causæ ex quibus mandatum solvitur, hæ sunt.

Mors mandatarii.

Mors mandatoris.

Si mandator revocaverit mandatum.

Si mandatarius mandato renuntiaverit.

Si negotium impletum fuerit.

Si impossibile fuerit mandatario.

DE INSTITORIA ACTIONE.

Æquum prætori visum est sicut commoda sentimus ex actu institorum, ita etiam obligari nos ex contractibus ipsorum et conveniri in solidum actionibus ex negotiis ortis.

Neque enim institoria actio est judicium principale, substantiam propriam in re habens, sed magis qualibus et forma omnium actionum quæ obligationibus institorum descendunt.

Institor appellatus est ex eo quod negotio gerendo instet, nec multum facet tabernæ sit præpositus an cuilibet negationi.

Parvi autem refert quis sit institor liber an servus, proprius vel alienu

Quum institor liber homo aut servus alienus sit verus est mandatarius, in hoc casu prætor, dando actionem institoriam contra dominum rigorem mitigat juris, quæ provisum erat neminem pro alio contrahere posse.

Institoria actio primum mercatoriis negotiis erat restricta; sed postea, ad exemplum institoriæ actiones datæ sunt utiles contra mandantem iis qui eum procuratore contraxerant.

Quin imò mandati datæ sunt actiones utiles contra eos qui erga mandatarium obligati erant. Hoc refert Ulpianus, secundum Papiniam sententiam. Sed idem Ulpianus dat actionem ei qui institorem præposuit, in eos qui cum eo contraxerunt, in hoc casu tantùm pro aliter rem suam servam non potest. Tandem hoc observandum est procuratorem exceptione repelli si agat invito domino.

DE EXTRAORDINARIIS COGNITIONIBUS.

Quod supra dictum est, mercede constituta, mandatum in locationem et conductionem permutari non sine distinctione accipiendum.

Etenim non crediderunt veteres omnia officia in locatione et conductione cadere, sed quasdam operas magis beneficii loco præberi, et id quod datur præbentibus, eis ad remunerandum dari et indè honorarium appellari. In optimis vero artibus quæ vitam aut conservant aut excolunt, qui nihil se plus existimat debere quam pepigit ingratus est. Pretium operæ solvitur, animi debetur. Talia sunt præcepta studiorum liberalium, id est rhetoricæ, grammaticæ, geometriæ, talia sunt quoque advocatorum, medicorum, obstetricum, nutricium et agrimentorum officia. Qui has liberales artes exercent aut optimè præstant officia non actione locati, vel mandati, vel qualibet alia actione honorarium petunt, sed præses provinciæ aut prætor illis de mercidibus jus dicere solet.

DE PROXENETICIS.

Proxenetæ sunt qui emptionibus, venditionibus et aliis contractibus licitis utiles se exhibent. Honorarium proxeneticen appellatum apud prætorem aut præsidem persequuntur.

DROIT FRANÇAIS.

DU LOUAGE D'INDUSTRIE.

Le louage peut être défini d'une manière générale, un contrat par lequel l'une des parties s'oblige à procurer à l'autre ou la jouissance d'une chose, pendant un certain temps, et moyennant un certain prix (*Locatio rerum*), ou ses services (*Locatio operarum*), ou à faire pour le compte de cette personne un ouvrage déterminé (*Locatio operis*).

De cette définition, il résulte qu'il y a deux sortes de louages :
Le louage des choses.
Le louage d'ouvrages.
Je n'ai à m'occuper ici que du louage d'ouvrage et d'industrie.

Ce contrat se subdivise en plusieurs espèces dont chacune porte un nom différent.

1° Le louage des gens de travail qui s'engagent au service de quelqu'un;

2° Celui des voituriers, tant par terre que par eau, qui se chargent du transport des marchandises et des personnes ;

3° Celui des entrepreneurs d'ouvrages que le Code désigne par les mots de devis, marchés ou prix fait.

Je n'ai à m'occuper que de la première et de la troisième espèce de louage d'industrie.

Le contrat de louage d'ouvrage est, comme le louage des choses, un contrat synallagmatique, commutatif; ce qui distingue ces deux contrats, c'est que dans l'un l'usage est le but qu'on se propose, dans l'autre l'ouvrage qui doit être fait.

Pour que ce contrat existe, il faut qu'il y ait un ouvrage à faire, il faut de plus que la chose qu'il s'agit de faire ne soit pas contraire aux lois ni aux bonnes mœurs.

L'impuissance ou l'incapacité de celui qui s'est chargé de faire un ouvrage quand la chose est faisable *naturâ*, n'empêche pas le contrat d'être formé, sauf les dommages-intérêts dus par celui qui s'est chargé d'une chose qu'il ne pouvait pas faire.

Il faut aussi qu'il y ait un prix, autrement ce serait un mandat ; il en serait de même si le prix convenu n'était sciemment qu'excessivement vil par rapport à la valeur de l'ouvrage.

Section I.
Du louage des domestiques et ouvriers.

1780, 1781. — Il fallait empêcher que les hommes portassent eux-mêmes atteinte au principe de liberté individuelle qui est acquis à tous, et qu'ils pourraient compromettre dans un moment de détresse, ou trompés par de frauduleuses manœuvres. C'est ce que le Code a voulu prévenir par l'art. 1780, où tout en reconnaissant à l'homme la liberté qu'il a de louer ses services, il lui interdit cependant de se lier pour un temps illimité, ou pour des entreprises telles qu'elles sembleraient absorber sa vie entière ou du moins une très grande partie. Le soin de déterminer quels engagements entravent la liberté individuelle de l'homme, est laissé à l'arbitrage du juge, le Code ne s'étant pas prononcé à cet égard.

Mais supposons que le contrat soit follement formé, et qu'il intervienne une contestation entre le maître et l'ouvrier, soit pour la fixation de la quotité des gages, soit pour le paiement du salaire de l'année échue, soit enfin pour les à-comptes donnés pour l'année courante; si un écrit a été dressé, il est bien évident qu'il fera foi. Mais s'il n'en existe pas, suivra-t-on le droit commun, en matière de preuve? Cette question est résolue négativement par le législateur. Le maître, dit l'art. 1781, sera cru sur son affirmation. Mais pourquoi cette faveur accordée au maître plutôt qu'à l'ouvrier ? c'est parce que l'ouvrier ou le domestique est censé avoir suivi la foi du maître ; c'est pour cette raison et en même temps pour prévenir une foule de petits procès que le législateur a décidé que le maître serait cru sur son affirmation ; nous pensons qu'une telle décision, si elle n'est pas entièrement conforme aux lois de l'équité, est au moins conforme à cette idée du législateur, que le domestique fait partie de la famille de son maître, et que, comme tel, s'il doit des égards au chef de la famille, il en est amplement dédommagé par les soins et la protection que le chef de famille est toujours disposé à lui accorder, lorsque le domestique sait comprendre les rapports de bienveillance et de services réciproques qui doivent exister entre son maître et lui.

Section II.

Des devis et marchés.

Les expressions devis, marchés ou prix fait, que la loi emploie simultanément pour désigner l'entreprise d'un ouvrage, moyennant un prix déterminé, ne nous paraissent pas cependant synonymes.

Le mot marché est un terme générique qui peut s'appliquer dans tous les cas où un entrepreneur s'engage à confectionner un ouvrage déterminé, soit que le prix ait été fixé d'avance, soit qu'il doive l'être ultérieurement sur estimation.

Si le prix a été fixé, le contrat prend le nom de prix fait.

Lorsque les travaux ont été détaillés dans un état dressé par les parties et auquel l'entrepreneur s'oblige à se conformer, on dit qu'il y a devis.

Cette espèce de louage se distingue essentiellement de celui des domestiques et ouvriers. Tandis que ceux qui s'engagent pour un temps ou pour une entreprise déterminée, louent simplement leur travail, qui doit toujours être payé, quel que soit d'ailleurs le sort de l'ouvrage, les entrepreneurs s'obligent, moyennant un prix convenu, à faire un ouvrage qui, jusqu'à sa confection, est à leurs risques, et ils ne peuvent réclamer le prix qu'en raison des travaux exécutés.

Dans les marchés, deux cas peuvent se présenter : l'entrepreneur peut fournir à la fois sa matière et son travail; il peut ne fournir que son travail.

Dans ces sortes de louage, on distingue entre le cas où l'ouvrage est fait pour un seul et même prix, et le cas où il est fait à tant la mesure.

Les art. 1787, 1788, 1789 et 1790 statuent sur le premier cas, et l'art. 1791 sur le second.

Si la chose vient à périr, pour qui périra-t-elle?

Dans les deux cas, il faudra appliquer la règle *res perit domino*; pour le maître s'il a donné la matière à l'ouvrier, à moins que l'ouvrier ne soit en faute ; pour l'ouvrier s'il a fourni la matière en même temps que son industrie, à moins que le maître ne fût en demeure de recevoir la chose.

Lorsque la chose fournie par le maître périt entre les mains de l'ouvrier, celui-ci n'a aucun salaire à réclamer si ce n'est dans le cas où la chose a péri par le vice de la matière. Encore faut-il que l'ouvrier n'ait pas connu le vice, autrement il serait en faute de n'avoir pas averti le propriétaire.

Mais bien entendu l'ouvrier a droit au salaire si l'objet confectionné périt sans sa faute, depuis qu'il a mis le maître en demeure de prendre l'ouvrage.

Lorsque la chose est positivement agréée par le maître, elle cesse d'être à la charge de l'ouvrier avant même d'être livrée, à moins de réserve contraire lors de la vérification.

L'approbation de la chose tient lieu de tradition.

La tradition de la chose n'est pas le seul moyen de faire connaître l'ouvrage au maître, l'art. 1791 en est la preuve.

L'ouvrage à faire peut être une unité, un corps complet ; dans ce cas le maître ne peut être mis en demeure de le vérifier qu'après qu'il est terminé.

Si, au contraire, l'ouvrage est à plusieurs pièces ou à la mesure, le maître peut être mis en demeure de vérifier les parties terminées ; ces parties sont tacitement agréées, lorsqu'il a payé une partie du salaire proportionnelle à l'ouvrage fait.

Mais il ne faut pas regarder comme parties payées les simples à-comptes que le maître donnerait à l'ouvrier dans le courant du travail, sans même avoir vu l'ouvrage comme cela arrive souvent.

L'article doit s'appliquer au cas où les paiements ont eu lieu en raison et en proportion de l'ouvrage déjà fait, et non en considération de l'entreprise elle-même ; ce qui est au surplus un point à déterminer d'après les circonstances des faits, mais il est clair que les paiements par anticipation ne peuvent jamais être regardés comme une approbation d'une partie quelconque de l'ouvrage.

La vérification a pour but, dans les cas ordinaires, de mettre les risques de la chose à la charge du maître, et libère l'ouvrier de toute responsabilité. Mais par exception l'art. 1792 déroge à cette règle pour les édifices construits à prix faits.

Il rend responsable les architectes et entrepreneurs de la perte totale ou partielle arrivée pendant les dix ans à partir de la réception des travaux, soit que cette perte provienne du vice de construction, soit qu'elle provienne du vice du sol; car dans les deux cas, les gens de l'art sont en faute. L'art. 2270 amplifie même sous plusieurs rapports la pensée de l'art. 1792.

Il ne parle pas, comme ce dernier, de constructions et d'édifices, mais d'une manière générale de gros ouvrages, ce qui comprend la simple édification de murs ou de parties d'édifice, la construction de canaux, etc. ; il ne distingue plus si le prix a été fixé à forfait ou autrement.

Enfin, il n'est pas restreint au cas de perte totale ou partielle, il embrasse tous les cas graves de malfaçons, et aussi tous les cas où pour prévenir la ruine de l'édifice on aurait fait des dépenses plus ou moins considérables.

Les dix ans de l'art. 1792 ont donné lieu à de graves discussions.

Je crois qu'il faut entendre le texte en ce sens que le délai de dix ans n'est qu'un temps d'épreuve de la solidité du bâtiment et non pas une durée de l'action à quelque époque que fût survenue la destruction de l'édifice pendant les dix ans, autrement il faudrait dire que s'il venait à être détruit, par l'une de ces causes, quelques jours seulement avant l'expiration des dix ans, le propriétaire n'aurait que ces quelques jours pour intenter son action, ce qui serait contraire à tous les principes.

Ainsi, les dix ans sont un temps d'épreuves de la solidité du bâtiment et uniquement cela : d'où il faut conclure que si l'édifice périt dans les dix ans par le vice du sol ou par le vice de la construction, l'action en garantie a été ouverte, et puisque sa durée n'est pas déterminée par une disposition particulière, elle est de trente ans conformément à la règle générale de l'art. 2252.

Cette action en garantie ou en indemnité a lieu soit que l'architecte ou l'entrepreneur ait construit sur le sol de celui qui lui a donné l'ouvrage à faire, soit qu'il ait construit sur son propre terrain, et dans l'un ou l'autre cas, avec ses matériaux ou avec des matériaux fournis par le maître, n'importe.

Mais l'on ne doit pas assimiler sous le rapport de cette garantie à un architecte ou entrepreneur qui s'est chargé de faire ces édifices, ou d'en diriger la construction, l'architecte ou entrepreneur de profession qui vendrait une maison qu'il aurait construite. Ce cas est un cas de vente ordinaire qui se régit par conséquent par les règles de la vente, à moins que des circonstances de la cause, il ne résulte que la qualité de *constructeur* a été particulièrement prise en considération dans le contrat par l'acheteur.

On demande si l'architecte ou entrepreneur qui, connaissant le vice du sol ou des matériaux en aurait instruit le propriétaire serait encore responsable. Je crois qu'il ne faut pas hésiter à décider l'affirmative à moins qu'il n'ait pris ses précautions et ne se soit fait affranchir par écrit de toute responsabilité par le propriétaire.

La loi a voulu protéger les propriétaires contre une manœuvre à laquelle ils seraient exposés de la part des entrepreneurs ou architectes dans le cas de marché à forfait.

Elle n'a pas voulu qu'ils fussent entraînés à leur insu dans des dépenses ruineuses par des changements ou augmentations faits sur le plan.

En conséquence l'art. 1793 refuse à l'architecte ou entrepreneur toute augmentation de prix s'il n'y a eu dérogation écrite au plan primitif et nouvelle convention sur le prix.

Le marché à forfait peut être résolu par deux causes qui ne produiraient pas en général cet effet dans les contrats synallagmatiques. Le changement de volonté du maître et la mort de l'ouvrier, architecte ou entrepreneur.

On ne peut raisonnablement contraindre un propriétaire à continuer des travaux qui ont pu lui devenir inutiles ou dont par quelque dérangement survenu dans sa fortune, il se trouverait ensuite hors d'état de payer le prix.

La loi l'a donc sagement autorisé à résilier le contrat sans l'obliger à déduire des motifs souvent pénibles pour son amour-propre; mais en même temps, elle veut qu'il tienne compte à l'entrepreneur non-seulement de toutes ses dépenses et de tous ses travaux, mais encore de ce qu'il aurait pu gagner dans l'entreprise.

Le marché à forfait se dissout encore par la mort de l'ouvrier, de l'architecte ou de l'entrepreneur ; l'intérêt du maître le voulait ainsi, car il est le plus souvent déterminé à contracter par la confiance qu'il a dans la probité et dans l'intelligence de celui avec lequel il contracte.

L'intérêt de l'ouvrier réclamait non moins impérieusement cette disposition, car il peut mourir laissant une femme et des enfants en bas âge ; et l'exécution du marché par un remplaçant serait une source d'embarras et de difficultés tant pour les héritiers de l'ouvrier que pour le propriétaire lui-même.

Si les travaux étaient commencés, les matériaux préparés et qu'ils lui soient vraiment utiles pour l'objet qu'il s'était proposé dans le contrat, le maître devra en payer la valeur à la succession de l'entrepreneur en proportion du prix porté dans le contrat.

L'entrepreneur choisit les personnes employées aux travaux dont il est chargé, il est donc naturel qu'il réponde de leur fait.

Quoique les ouvriers ainsi employés par l'entrepreneur n'aient contracté qu'avec lui, la loi leur accorde le droit d'agir contre le maître, mais seulement jusqu'à concurrence de ce qu'il doit à leur débiteur.

Cette action est directe. D'où il suit que les sous-entrepreneurs ne seraient point obligés d'admettre sur ce qui est dû à l'entrepreneur le concours des autres créanciers de l'entrepreneur général.

Ce dernier n'ayant de créance sur celui qui a fait faire les travaux qu'en raison de ces mêmes travaux exécutés par les sous-entrepreneurs ou ouvriers, il est juste que ces derniers aient eux seuls les produits de cette même créance, il n'y a point de différence entre les différents ouvriers ; les charpentiers, serruriers et autres ouvriers qui font directement des marchés à prix faits, sont astreints aux mêmes règles que celui qui entreprend la totalité de la construction ; ils sont entrepreneurs pour la partie qu'ils traitent, par conséquent ils sont responsables.

DU MANDAT.

De la nature et de la forme du mandat.

CHAPITRE PREMIER.

Le mandat est un contrat par lequel une personne charge quelqu'un de faire pour elle et en son nom quelque chose de licite soit moyennant un salaire, soit gratuitement.

On donne aussi le nom de mandat au pouvoir par écrit que le mandant donne au mandataire; c'est même à cet écrit que s'applique la définition de l'art. 1984.

La définition que donne cet article du mot mandat manque d'exactitude. Elle donne à entendre que le mandataire agit toujours au nom du mandant; or, il arrive très fréquemment que le mandataire contracte avec les tiers, en son propre nom, sans obliger le mandant.

Tel est même le caractère le plus saillant du rôle des commissionnaires, véritables mandataires commerciaux, dont j'aurai à m'occuper plus loin.

Le contrat du mandat est un contrat consensuel; il peut être donné ou par acte public ou par acte sous seing-privé, même par lettre. Il peut aussi être reçu verbalement.

Personne ne doute aujourd'hui que l'acceptation du mandataire ne puisse être tacite (1985). Mais les termes des art. 1372 et 1985 combinés ont fait élever des doutes sur le point de savoir si la volonté de donner mandat résultant des circonstances et par exemple du fait de gestion par un tiers, au vu et au su du maître, sans autre manifestation expresse, serait suffisante par elle-même et équivaudrait à une procuration.

Cette question présente un grand intérêt pratique, car dans la gestion d'affaires, le maître n'est tenu de remplir les engagements que le gérant a contractés et de lui rembourser les dépenses qu'il a faites, qu'autant que l'affaire a été bien administrée (art. 1375). Tandis que le mandataire a le droit d'exiger le remboursement de tout ce qu'il a dépensé, lors même que l'affaire n'aurait pas réussi (art. 1999).

Le mandat se forme par le seul concours de la volonté du mandant avec celle du mandataire. Il faut néanmoins qu'il s'agisse d'une affaire certaine, possible et licite; autrement le mandat ne serait obligatoire ni pour l'un ni pour l'autre des contractants. La nature du mandat est d'être gratuit; il ne s'en suit pas qu'il le soit par son essence comme le dépôt et le commodat.

La convention des parties peut seul assurer au mandataire une récompense, et rien n'est plus légitime; à Rome au contraire, le mandat était gratuit et de son essence et de sa nature, de sorte que dès qu'il y avait un salaire de stipulé, il y avait à l'instant un autre contrat de formé.

Ainsi, dans notre droit, entre le mandat absolument gratuit et le louage de services, nous admettons un intermédiaire, à savoir le mandat salarié, qui est fort différent du louage de services et qui ne cesse pas d'être un mandat, quoiqu'il se sépare du mandat purement gratuit par quelques nuances remarquables.

De ce que le mandat roule sur une obligation de faire et que cette obligation peut n'être pas absolument gratuite, on s'est demandé en quoi le mandat salarié se distingue du louage de services qui est aussi un contrat par lequel l'une des parties s'engage à faire quelque chose moyennant un prix.

Il faut examiner le prix et la nature de l'affaire, quand le prix en comparaison avec l'affaire sera tellement bas qu'il restera une part à la gratitude, ce sera un mandat. Quand, au contraire, le prix sera en proportion réelle avec l'ouvrage, ce sera le louage. Mais ce n'est pas seulement le prix qui fait une différence entre le mandat et le louage, il y a aussi et par suite la qualité même des faits à examiner.

Ainsi, selon qu'il s'agira d'un travail manuel ou d'un travail plus relevé où l'intelligence jouera un plus grand rôle, il y aura ou mandat ou louage de services.

Au reste, il faut avouer que la ligne de démarcation qui sépare les divers travaux qui peuvent être l'objet de l'un ou de l'autre de ces deux contrats, est impossible à tracer; c'est une distinction qui est toute dans nos mœurs.

Le mandat peut être donné purement et simplement, à terme ou sans condition; il peut être donné par acte authentique, et alors il n'est pas nécessaire qu'il soit laissé minute de la procuration; elle peut être en brevet, par acte sous seing-privé, et, dans ce cas, il n'est pas nécessaire que l'acte soit en double original; par lettre et même verbalement; bien entendu qu'en ce cas la preuve n'en peut être faite par témoins, s'il s'agit de plus de 150 francs.

Voyons maintenant quelles sont les conditions principales de la validité du mandat; le mandant doit avoir la capacité de faire par lui-même la chose qu'il commet aux soins du mandataire, tandis que le mandataire peut se charger de faire pour d'autres ce qu'il ne pourrait pas faire pour lui-même. Dans ce dernier cas, le mandat oblige le mandant envers les tiers comme si le mandataire avait pleine capacité; mais celui-ci ne peut s'obliger envers le mandant que dans la limite de sa capacité.

On peut donc donner mandat, soit à un mineur émancipé, soit à une femme mariée non autorisée. Les mineurs non émancipés et les interdits eux-mêmes peuvent être choisis comme mandataires, et si l'article 1990 ne parle que des mineurs émancipés et des femmes mariées non autorisées, c'est qu'il est extrêmement rare que la gestion d'une affaire civile soit confiée à un mineur non émancipé ou à un interdit.

Quant à l'étendue des pouvoirs du mandataire, elle est déterminée par le mandat qui fait la loi des parties. Si le mandataire dépasse ses pouvoirs, il n'est plus qu'un tiers stipulant pour autrui sans avoir qualité; l'obligation est nulle pour le mandant à moins qu'il ne ratifie, et pour le mandataire à moins qu'il ne se porte fort. Tant pis pour le tiers qui n'a pas vérifié les pouvoirs du mandataire, il n'a que l'action en garantie contre ce dernier; ajoutons que si le mandataire a donné au tiers une connaissance suffisante de ses pouvoirs, il n'est tenu d'aucune garantie même pour ce qui a été fait au-delà, à moins qu'il ne se soit personnellement obligé.

Le mandat est conventionnel, légal ou judiciaire.

Le mandat est encore spécial en général.

Chapitre II.

Des obligations du mandataire.

Le mandataire est tenu de trois obligations principales :

1° D'exécuter le mandat dont il est chargé ; 2° d'y apporter les soins d'un bon père de famille ; 3° de rendre compte de sa gestion.

Le mandataire étant libre d'accepter ou de ne pas accepter le mandat, du moment qu'il l'a accepté il doit le remplir, sous peine de dommages-intérêts au profit du mandant.

La loi va plus loin, elle veut que le mandataire soit tenu des fautes qu'il commet dans sa gestion, soit qu'il y ait faute personnelle, soit qu'il y ait dol ; ajoutons que le mandataire qui ne reçoit pas de salaire, sans être affranchi de toute responsabilité, en est bien moins rigoureusement tenu. L'opinion généralement admise est qu'il serait excusable s'il avait apporté dans la conduite de l'affaire dont il s'est chargé autant de soins qu'on apporte aux siennes.

Nous avons dit que le mandataire doit rendre compte de sa gestion, et ce compte doit comprendre non-seulement la gestion personnelle du mandataire, mais encore celle des personnes à qui il a confié l'exécution totale ou partielle du mandat. Il doit, dans ce compte, faire raison au mandant de tout ce qu'il a reçu en vertu du mandat, même de ce qui aurait été indûment payé. Il doit également compte de l'intérêt des sommes qu'il a employées à son usage personnel, et ce à dater du jour de l'emploi; quant à celles dont il est reliquataire, il n'en doit les intérêts qu'à partir du jour de la mise en demeure.

La solidarité ne se présume point, il faut qu'elle soit expressément stipulée; d'où il suit que si plusieurs mandataires ont été constitués par le même acte, ils ne seront tenus chacun que pour une part virile. Il n'en était pas ainsi à Rome; les divers mandataires nommés pour la même affaire étaient tenus *in solidum* des effets de l'action *mandati directa;* les rédacteurs du Code civil auraient parfaitement pu se dispenser de porter cette disposition dans l'article 1995, puisqu'aux termes de l'article 1202 la solidarité n'existe qu'autant qu'elle a été expressément stipulée, sauf les cas exceptionnels où la loi l'établit elle-même; s'ils l'ont fait, c'est qu'ils n'ont pas voulu voir reproduire la solidarité du droit romain.

Au reste, le Code lui-même a conservé cette disposition pour les exécuteurs testamentaires qui sont une espèce de mandataires.

Lorsque plusieurs mandataires ont été choisis par le même acte, si leurs fonctions ont été divisées, chacun d'eux doit se renfermer dans celle qui lui a été assignée, et il n'est responsable que de sa gestion. Dans ce cas il y a autant de mandats que de gestions; mais si leurs fonctions n'ont pas été divisées, chacun d'eux peut agir au défaut des autres, et est responsable de ce qu'il a fait.

Le mandataire, à moins de convention contraire, a le droit de se choisir un substitué, mais s'il lui était expressément ou tacitement défendu de se substituer un autre, il est responsable de la personne qu'il s'est substituée. Il en est de même dans le cas où ayant reçu ce pouvoir sans désignation d'une personne, son choix est tombé sur un individu notoirement incapable ou insolvable.

Chapitre III.

Obligation du mandant.

Les obligations du mandant sont de deux sortes : obligations envers les tiers, obligations envers le mandataire.

Le mandant est tenu d'exécuter tous les engagements contractés par le mandataire en vertu du mandat; mais quand le mandataire a fait toute autre chose que ce qu'il avait mandat de faire, ou quand il a dépassé ses pouvoirs, le mandant n'est tenu qu'autant qu'il peut ratifier, car pour lui il y a *res inter alios acta*. Envers le mandataire, le mandant est tenu de lui rembourser les frais et dépenses occasionnés par l'exécution du mandat; de lui payer le salaire, s'il en a été convenu ; les avances s'il en a fait et les intérêts des avances, et des frais du jour où ils ont été faits. Enfin de l'indemniser des pertes qu'il a éprouvées à l'occasion de sa gestion.

Lorsqu'il n'y a aucune faute imputable au mandataire, le mandant ne peut, sous aucun prétexte, se dispenser de remplir ces différentes obligations, soit en alléguant que l'affaire n'a pas réussi, soit en prétendant qu'elle pouvait être faite à moins de frais. Il en serait tout autrement pourtant si le salaire n'avait été promis que sous la condition que l'affaire réussirait.

Nous avons vu que la solidarité entre co-mandataires doit être expressément stipulée; au contraire elle a lieu de plein droit entre co-mandants, au profit du mandataire, lorsqu'il a été par eux constitué pour une affaire commune. Les commentateurs s'étonnent avec raison que la loi, dans ce cas, ne fasse aucune distinction entre le mandat gratuit et le mandat salarié.

Chapitre IV.

Fin du mandat.

Le mandat finit : 1° par la révocation du mandataire. Cette révocation peut être expresse ou tacite. Elle est tacite quand le mandant nomme un nouveau mandataire pour la même affaire, et dans ce cas l'ancien peut être contraint à remettre l'écrit contenant le pouvoir. La révocation produit son effet entre le mandant et le mandataire du jour de la signification; mais elle ne peut être opposée aux tiers de bonne foi qui ont traité avec le mandataire dans l'ignorance de cette révocation, sauf le recours du mandant contre le mandataire; c'est pour prévenir l'abus qu'on pourrait faire du pouvoir, que le mandant a le droit de se faire restituer, soit l'original, soit l'expédition.

2° Par la renonciation qui peut avoir lieu quand les choses sont encore entières, ou quand le mandataire ne pourrait continuer sa gestion sans éprouver lui-même un préjudice considérable, car il n'est pas juste que le service qu'il a voulu rendre tourne à sa propre ruine.

3° Par la mort naturelle ou civile du mandant ou du mandataire; excepté lorsque l'affaire qui est l'objet du mandat ne devait être faite qu'après la mort du mandant, et lorsqu'elle intéresse en même temps d'autres personnes, auxquels cas le mandat n'est pas dissout par la mort du mandant.

4° Par la faillite ou la déconfiture de l'un ou de l'autre.

5° Par le changement d'état de l'un d'eux, quand ce changement d'état diminue leur capacité.

6° Enfin par l'expiration du terme ou de la condition et par la consommation de l'affaire.

Loi du 21 juin 1843 sur la forme des actes notariés.

La loi du 25 octobre an XI, connue sous le nom de loi organique du notariat, avait disposé ainsi qu'il suit dans son art. 24 :

« Les actes seront reçus par deux notaires ou par un notaire assisté de deux témoins, citoyens français, sachant signer et domiciliés dans l'arrondissement communal où l'acte s'est passé. »

A s'en tenir au texte de cet article, nul doute que la présence du notaire en second ou des deux témoins instrumentaires ne fût requise, pour tous les actes notariés sans exception, pendant la rédaction et la lecture aux parties. C'est aussi en ce sens qu'il avait été interprété par plusieurs cours et tribunaux, mais dans la pratique on était loin de se conformer à ces exigences ; le plus souvent l'acte était rédigé et lu aux parties, hors la présence du notaire en second ou des témoins qui y apposaient leur signature après coup. De là de nombreuses demandes en nullité, des recours en garantie contre les notaires rédacteurs, des hésitations et des divergences dans la jurisprudence.

C'est pour faire cesser cet état de choses et pour rendre la sécurité aux familles dont les intérêts pécuniaires auraient été gravement compromis si on avait annulé tous les actes notariés passés en contravention à l'art. 24, qu'est intervenue la loi du 21 juin 1843.

Pour atteindre le but que je viens d'indiquer elle n'a pas craint de se donner à elle-même un effet rétroactif en déclarant dans son article premier :

« Que les actes notariés passés depuis la promulgation de la loi du
« 25 ventôse an XI ne pourraient être annulés par le motif que le notaire
« en second ou les deux témoins instrumentaires n'auraient pas été pré-
« sents à la réception desdits actes. »

De plus, elle a voulu qu'à l'avenir la présence réelle du notaire en second ou des témoins ne fût requise que pour certains actes solennels savoir : les donations entre-vifs, les donations entre époux pendant le mariage, les révocations de donations ou de testaments, les reconnaissances d'enfants naturels et les procurations pour consentir ces divers actes. Encore suffit-il que le notaire en second ou les deux témoins aient assisté à la lecture de l'acte par le notaire rédacteur, et à la signature par les parties (art. 2 et 5.)

CODE DE COMMERCE.

DES BOURSES DE COMMERCE, AGENTS DE CHANGE ET COURTIERS.

Chapitre Premier.

Des bourses de commerce.

Les bourses de commerce offrent aux négociants plusieurs avantages que je me contente d'indiquer ici rapidement.

Elles leur permettent de se voir à jours et à heures fixes, de se faire assister dans les transactions qu'ils concluent par des agents intermédiaires (agents de change ou courtiers) dont les conseils peuvent souvent leur être d'un grand secours et qu'ils rencontrent toujours à la Bourse, enfin elles leur fournissent les moyens de connaître le cours du change, des marchandises, des assurances, du frêt ou nolis, du prix des transports par terre ou par eau, des effets publics et autres dont le cours est susceptible d'être coté, et en outre de se mettre au courant des nouvelles qui intéressent le commerce, des circonstances qui peuvent amener une hausse ou une baisse.

Les Bourses sont ouvertes à tous les citoyens et même aux étrangers (arrêté du 27 prairial an x). Les faillis seuls en sont exclus (art. 613 du C. com.); il est défendu de s'assembler ailleurs qu'à la Bourse, et à d'autres heures que celles fixées par les réglements de police pour proposer et faire des négociations (arrêté du 27 prairial an x, art. 5).

§ II.

Des agents de change et courtiers.

Dans toutes les villes qui ont une Bourse de commerce, il y a des agents de change et des courtiers nommés par la loi (loi du 28 ventôse an ix), ce sont des agents intermédiaires destinés à faciliter les transactions commerciales et à leur imprimer la rapidité, le mouvement et la sécurité.

La loi qui les a rétablis en 1795, leur a donné le caractère d'officiers publics (20 octobre); une autre loi du 21 avril 1816, en augmentant le chiffre de leur cautionnement leur a permis de présenter leurs successeurs à la nomination du roi (aujourd'hui à la nomination du pouvoir exécutif).

L'art. 632 du Code de commerce répute acte de commerce toute opération de change, banque et courtage, il en résulte que les agents de change et les courtiers joignent à leur qualité d'officiers publics celle de commerçants.

Des agents de change.

Les agents de change ont seuls le droit de faire les négociations d'effets publics et autres susceptibles d'être cotés. L'art. 8 de l'arrêté du 16 juin 1802 assimile aux effets publics les actions émises par les compagnies de banque ou de commerce.

Les agents de change peuvent en outre, concurremment avec les courtiers de marchandises, faire les négociations ou le courtage des ventes ou achats des matières métalliques.

Mais à eux seuls appartient le droit de constater le cours de ces matières, et, à plus forte raison, celui des effets publics ou privés, dont la négociation doit nécessairement être faite par leur ministère,

Diverses qualités sont requises pour être agent de change ; ainsi il faut :

1° Être citoyen français.

2° Avoir exercé la profession de banquier ou commerçant, ou avoir fait un stage de quatre années chez un banquier ou un notaire de Paris.

3° Fournir un cautionnement dont le taux est fixé suivant l'importance de la place de commerce, et prêter serment devant le Tribunal de commerce.

4° Être agréé à Paris par la chambre syndicale, et dans les départements par le préfet, sur l'avis favorable du Tribunal de commerce, et en outre du syndicat des agens de change, s'il y en a un. Il y a des incapacités. La loi exclut de plein droit des fonctions d'agents de change, ceux qui ont fait faillite, cession de biens, ou qui sont en état de suspension notoire de paiement, ceux qui se sont immiscés par récidive dans les fonctions d'agents de change, et enfin ceux qui ont été destitués de ces mêmes fonctions. Comme tout commerçant, ils sont tenus d'avoir des livres ; officier public imposé à la confiance des parties, il doit se consacrer exclusivement à son office, et ne peut jamais rien exposer dans une entreprise de commerce ; il ne peut pas garantir les marchés dans lesquels il s'entremet. La loi prononce la destitution s'il contrevient à ces règles, elle le déclare banqueroutier s'il fait faillite.

Section II.

Des Courtiers.

Le courtier est, comme l'agent de change, un officier public dont les fonctions consistent à mettre en relation le vendeur et l'acheteur, et à constater les cours.

Il y a encore d'autres sortes de courtiers, le Code, art. 77, en reconnaît 4 ; le décret du 15 décembre 1815 reconnaît en outre les courtiers gourmets piqueurs de vin : ces fonctions diverses par leur objet seulement peuvent être exercées par le même individu. Ces diverses sortes de courtiers ont de certaines attributions spéciales, mais toutes sont soumises aux mêmes principes que les agents de change. On est même plus difficile pour leur admission. On leur accorde un monopole, mais on exige d'eux des conditions de capacité. On les soumet à la destitution et aux peines de la banqueroute, en cas d'infraction aux règles auxquelles ils sont soumis.

Section III.

Des Commissionnaires.

Le Commissionnaire est un agent intermédiaire qui contracte en son nom pour le compte d'autrui, tandis que le mandataire contracte au nom et pour le compte du mandant.

Le contrat de commission se forme par le seul consentement des parties, et ce consentement peut se manifester expressément ou tacitement.

Les commettans et les tiers sont étrangers entre eux, aussi ne peuvent-ils exercer d'action les uns contre les autres, qu'en vertu de l'art. 1166 du Code civil. Le commettant et le commissionnaire ont des droits et des devoirs à remplir l'un envers l'autre, ils sont réglés par les principes du mandat salarié.

Le contrat de commission emporte toujours pour le commettant l'obligation de payer un salaire quand même rien n'aurait été stipulé à ce sujet : Ce salaire s'appelle droit de commission, il est simple ou double (du croire) selon l'intention des parties ou l'usage des lieux. Dans le dernier cas le commissionnaire joint à cette qualité celle d'assureur.

Le commissionnaire tient à la fois et du mandataire et du dépositaire. Comme mandataire, il est tenu de ses fautes et même de sa négligence ; comme dépositaire il est tenu de ne pas user de la chose qui lui est confiée, et de la restituer à la première réquisition du commettant.

L'impossibilité par les commerçants de faire par eux-mêmes toutes leurs affaires, et la célérité qu'exigent les négociations commerciales, ont dû donner naissance au contrat de commission. Son utilité, les services qu'il rend au commerce, ont porté le législateur à lui être favorable, aussi accorde-t-on au commissionnaire un privilége, outre les actions personnelles qu'il a contre le commettant. (94-95) Le privilége accordé au commissionnaire a pour but de garantir les avances, intérêts et frais qu'il a pu faire au sujet de la négociation dont il s'est chargé ; il s'applique uniquement sur les marchandises que le commettant doit négocier, et qui sont considérées comme un gage entre les mains du commissionnaire. Dès lors appliquera-t-on les règles du Code civil en matière de gage ; nous répondrons à cette question par une distinction (95).

Le commissionnaire, le commettant et les marchandises se trouvaient-ils dans le même lieu. Nous suivrons le droit commun en matière de gage. Dans le cas contraire, les règles du Code de commerce, tracées dans les art. 93 et 94, recevraient leur application, pourvu toutefois que le commissionnaire ait les marchandises à sa disposition, ou qu'il prouve par un connaissement ou une lettre de voiture que l'expédition lui en a été faite.

Cette exception au droit commun s'explique par la célérité qu'exigent le plus souvent les matières commerciales, célérité qui eût été nécessairement entravée, s'il avait fallu que le commissionnaire pour sa sûreté personnelle eût rempli avant de s'engager toutes les formalités que nécessite le contrat de gage.

De l'engagement et du loyer des matelots et gens de l'équipage.
(Code de commerce 250-272).

L'engagement des matelots est un contrat par lequel un matelot loue ses services à un capitaine de navire, moyennant un salaire ou loyer que celui-ci s'engage à lui payer.

C'est un contrat de louage de services.

Le loyer peut être d'une somme de tant par voyage, ou par mois. Il peut être aussi d'une part dans les bénéfices, ou dans le frêt. Dans ce dernier cas le loyer a le caractère d'une société en participation, c'est un contrat consensuel ; mais on exige pour la preuve la rédaction d'un écrit, cet écrit est le plus souvent le rôle de l'équipage.

Le matelot engagé ne peut plus se libérer que par l'expiration du temps fixé, s'il ne se présente pas au départ ou s'il quitte le navire, il est poursuivi comme déserteur.

Le capitaine doit payer le loyer du matelot ; il lui doit même les frais de traitement si le matelot tombe malade pendant le voyage, ou est blessé au service du navire (262-264) ; si le matelot meurt, on doit à sa succession tout ou partie du loyer (265). S'il est fait esclave, on lui doit son loyer, et en certains cas, on lui paiera une indemnité (266-269).

Le capitaine ne peut rompre le voyage ou donner le congé sans cause; s'il le fait, il doit une indemnité fixée aux art. 270, 252, 256.

Il ne peut jamais congédier un matelot en pays étranger. Au cas d'interdiction de commerce, ou d'arrêt par ordre de puissance, les matelots ne reçoivent qu'une fraction du loyer (255-254), au cas de naufrage, prise ou bris de navire, ils ne peuvent rien réclamer (258) ; si l'on a sauvé quelque chose, ils reçoivent une somme réglée aux art. 256-260-261.

Le navire et le fret sont spécialement affectés au loyer des matelots.

Toutes les dispositions relatives aux loyers, pansement et rachat des matelots, sont communes aux officiers et autres gens de l'équipage.

QUESTIONS.

La convention par laquelle une personne s'engage à conserver une autre à son service pendant toute sa vie est-elle valable? Oui.

Après la chute de l'édifice, au cas des art. 1792 et 2270, pendant combien de temps pourra-t-on agir en garantie contre l'architecte ou l'entrepreneur ? Trente ans.

Le Code civil reconnaît-il, comme la loi romaine, la validité du mandat tacite ? Oui.

Faut-il confondre le mandat salarié avec le louage d'industrie? Non.

Le mandataire qui a fait l'affaire dont il était échargé, à des conditions plus dures que celles qui lui étaient prescrites, pourra-t-il la laisser au compte du mandant, en consentant à restreindre les répétitions dans les limites assignées? Non.

Le mandat donné à un mineur non émancipé est-il valable ? Oui.

www.ingramcontent.com/pod-product-compliance
Lightning Source LLC
Chambersburg PA
CBHW060627050426
42451CB00012B/2459

*9 7 8 2 0 1 4 4 8 7 5 5 8 *